AF580239

TABLEAU

DE LA

MÈRE LOGE

ECOSSAISE DE L'ISLE SAINT-DOMINGUE, A L'O.˙. DE SANTO-DOMINGO, LE 24EME. JOUR DU 4EME. MOIS.

L'AN DE LA G.˙. L.˙. 5804.

A BALTIMORE,
CHEZ *WANE & MURPHY*,
IMPRIMEURS, DANS LA RUE GAY-NORD, NO. 3.

1804.

A LA GLOIRE du G.·. A.·. de l'U.·.

Sous les auspices, de la T.·. Ill.·. & T.·. R.·. Mère L.·. Ecossaise de France.

A l'O.·. de Santo-Domingo, d'un lieu ſaint et éclairé, où règnent le ſilence, la paix et l'amitié, le 24ᵉ. Jour du 4ᵉ. Mois, l'an de la G.·. L.·. 5804.

La Mère L.·. Ecoſſaiſe de l'iſle St. Domingue, ſous le titre diſtinctif de St. Jean d'Ecoſſe du Choix des hommes.

~~A la T.·. R.·. L.·.~~ au Gd. O:. De france

S.·. S.·. S.·.

TT.·. CC.·. et TT.·. RR.·. FF.·.

La Maçonnerie, dont tous les principes tendent à établir la juſtice, la paix et le bonheur, embraſſe l'univers entier; le cœur du véritable Maçon doit être l'autel ſur lequel brûle le feu ſacré de toutes les vertus, et ceux qui ont fait de l'amitié leur loi, de ſes devoirs, leurs préceptes, en jurant d'être fidèles à ſon culte, élèvent le ſeul temple digne du G.·. A.·. D.·. L.·.

Les Maçons par leurs travaux et leur exemple, doivent tendre au bien général de l'humanité.— Pénétrés des devoirs que l'ordre nous impoſe, la Mère L.·. Ecoſſaiſe de St. Domingue, malgré la tempête qui a renverſé ſes Colonnes, briſé ſes inſtrumens, diſperſé la plûpart de ſes membres, a cherché un aſyle où elle pût dépoſer ſes plans myſtérieux, s'exercer à former de nouveaux deſſeins, ſe fortifier en travaillant, et s'élever, par une conſtante et inébranlable aſſiduité, juſqu'au centre de la lumière, ſource du vrai bonheur.

La Mère L.·. Ecoſſaiſe de Saint-Domingue, perſuadée TT.·. CC.·. FF.·. que vous ſentez, comme elle, tous les charmes de l'union, le pouvoir de l'amitié, et combien il importe pour la plus grande gloire de l'ordre, de rendre indiſſoluble le lien de la fraternité, s'empreſſe de ſolliciter la faveur de correſpondre avec votre R.·. A.·.

Elle vous prie TT.·. CC.·. FF.·. d'agréer le tableau de ſes membres comme preuve de la fraternité la plus tendre, de la cordialité la plus intime, et du vif déſir qu'elle a de reſſerrer de plus en plus les liens qui l'uniſſent a votre R.·. A.·.

La Mère L.·. Ecoſſaiſe de St. Domingue, recevra avec reconoiſſance le tableau de votre R.·. L.·., et il ſera pour elle le gage le plus précieux de votre amitié. Nous avons la faveur d'être P.·. LL.·. NN.·. M.·. Q.·. V.·. S.·. CC.·.

TT.·. CC.·. & RR.·. FF.·.

Vos TT.·. affectionnés FF.·.

Saint Paul

Scellé & Timbré par nous garde des ſecaux & Timbre.

De Cornette

Par mandement de la R.·. L.·.

J. SALVIGNY,

Secrétaire.

TABLEAU

DES FF.·.

COMPOSANT la R.·. Mère L.·. Ecoſſaiſe de l'Iſle St. Domingue, régulièrment conſtituée à l'O.·. de Jacmel, ſous le titre diſtinctif de St. Jean d'Ecoſſe, du Choix des hommes, préſentement ſéante à l'O.·. de Santo-Domingo à cauſe des événémens de la guerre, le 24e. jour du 4e. mois, l'an de la G.·. L.·. 5804.

VENERABLE.

DOMINIQUE SAINT PAUL, propriétaire, lieut. de juge du tribunal de 1re. inſtance de Jacmel, né à Montrejeau, département, de la Haute-Garonne, le 28 Septembre 1754, fondateur, M.·. A.·. T.·. G.·.

PREMIER SURVEILLANT.

LOUIS DUFRESNE, propriétaire, né à Pont-Château, département de la Loire-Inférieure, le 23 Janvier 1774, Ch.·. d'O.·.

SECOND SURVEILLANT.

LOUIS-BERTRAND LAFITON, chef de bataillon à la légion du Cap, né à Nantes, département de la Loire-Inférieure, le 17 Novembre 1771, Ch.·. d'O.·.

DEPUTE MAITRE.

AUGUSTIN-MARIE DUQUESNE, propriétaire, capne. de Vaiſſeau, né à la Trinité, Martinique, le 24 Octobre 1763, R.·. +.·.

ORATEUR.

Jean-Jacques Daulhieme, propriétaire, homme de loi, né à Paris, département de la Seine, le 1er. Août 1765, R.·. +.·.

SECRETAIRE.

Pierre-Joseph-Marie Salvigny, négociant, né à St. Pierre, Martinique, le 7 Decembre 1775, Ch.·. d'O.·.

TRESORIER.

Pierre-François-Robert Leprestre, propriétaire, capne. d'infanterie, né à Dieppe, département de la Seine-Inférieure, le 11 Novembre 1771, Ch.·. d'O.·.

EXPERTS.

Joseph Barien, négociant, né à Bourgneuf, département de la Loire-Inférieure, le 10 Février 1770, Ch.·. d'O.·.

Louis Breban, lieutenant des carabiniers de la légion du Cap, né à Nantes, département de la Loire-Inférieure, le 13 Juin 1776, M.·.

GARDE DES SCEAUX.

Bertrand Pradelle, propriétaire, né à Dunis, département du Lot et Garonne, le 31 Mars 1740, Fondateur R.·. +.·.

MAITRES DES CEREMONIES.

François Andrault, négociant, né à Salles,

département des Deux-Sevres, le 2 Octobre 1771, Ch.·. d'O.·.

Joseph Barquier, général de brigade, commandant la division de l'Est, né à Antibes, département du Var, le Juillet 1767, M.·. P.·.

ARCHITECTES.

Jean-Marie Le Blouch, enseigne de vaisseau non entretenu, cap^ne. de port de Jacmel, né à Audierne, département du Finistère, le 23 Mai 1777, Ch.·. d'O.·.

Marie-Amateur Mareschal, capitaine à la légion du Cap, né à Lambelle, département de la Côte-du-Nord, le 20 Avril 1777, Ch.·. d'O.·.

TERRIBLE.

Louis-Camberlin, propriétaire, chef de bataillon, chef de l'état-major de la division de l'Est, né à Château-Brillant, département de la Loire-Inférieure, le 28 Août 1765, Ch.·. d'O.·.

ORDONNATEURS DES BANQUETS.

Guillaume Pahut, propriétaire, négociant, né à Pont, département de la Charente-Inférieure, le 11 Décembre 1773, M.·.

Pierre Foucaud, agent des hôpitaux, né à Burie, département de la Charente-Inférieure, le 9 Novembre 1769, M.·. P.·.

HOSPITALIER.

François-Vincent Aubinet, propriétaire, né à Nantes, département de la Loire-Inférieure, le 11 Janvier 1759, Ch.·. d'O.·.

ADJOINTS.

A L'ORATEUR.

Adolphe-François Goguet, S. commissaire de marine, né à Epermancourt, département de la Somme, le 30 Avril 1774, E.·. D.·. 9.·.

AU SECRETAIRE.

Louis Merville, propriétaire, né à Bordeaux, département de la Gironde, le 27 Septembre 1771, E.·. D.·. 9.·.

AU TERRIBLE.

Jean-Baptiste Corege, officier d'infanterie, né à Fonsorbes, département de la Haute-Garonne, le 31 Octobre 1772, M.·.

MEMBRES RESIDANS.

Jean-François-Louis Minuty, propriétaire, grand-juge de Saint-Domingue, *par interim*, né à Aix, département la Bouches-du-Rhône, le 21 Septembre 1763, R.·. +.·.

Thomas Duvigneau, né à Guiche, département des Basses-Pyrennées, le 11 Decembre 1750, Ch.·. d'O.·.

Jean-Armand Collinet, lieutenant de vaisseau, né aux Sables-d'Olonne, département de la Vendée, le 26 Mars 17-1, Ch.·. d'O.·.

Gabriel Paviot, habitant, né à Pont-Beauvoisin, en Dauphiné, département de le 25 Novembre 1759, Ch.·. d'O.·.

Urbain Devaux, adjudant-commandant à St. Domingue, né à département de G.·. E.·.

Nicolas Andouville, capitaine de navire, né à Ostende, le 17 Juillet 1764, E.·. D.·. 15.·.

Jean-Gabriel Lacroix, lieutenant de vaisseau, né à Saint-Cyr, département de la Charente-Inférieure, le 1er. Janvier 1769, E .·.D.·. 9.·.

Jean-Baptiste Lemaire, Greffier du tribunal de 1ere. instance de Sto. Domingo, né à Nancy, le 25 Décembre, 1770, E.·. D.·. 9.·.

Jean-Baptiste Faulte, propriétaire, né à Limoges, département de la Haute-Vienne, le 4 Juillet 1750, Fondateur, M.·. P.·.

Jacques-Marie-Hypolite Robert, capitaine, au bataillon d'artillerie au St. Domingue, aide-de-camp du général Barquier, né à Marseille, département des Bouches-du-Rhône, le 12 Avril 1778, M.·. P.·.

Jean Berry, propriétaire, né à Baune, département de la Basse-Vienne le 23 Août 1743, M.·.

Elie Paillier, chef de bataillon à la légion du Cap, né à Niort, département des Deux-Sèvres, le 23 Décembre 1771, M.·.

Piere-Guillaume Latouche-Bardau, enseigne de vaisseau, né à Pont-de-Bordes, département de Lot et Garonne, le 19 Février 1781, M.·.

Jean-Alexandre Daubremon-Duplissis, propriétaire, commissaire de marine, inspecteur colonial, *par interim*, né à Coutras, diocèse de Bordeaux le 12 Janvier 1755, M.·.

Nicolas Delestang, président du tribunal de 1re. instance de Jacmel, et actuellement commisſaire du gouvernement près la commiſſion de juſtice établie à Santo-Domingo, né á Paris, département de la Seine, le 5 Novembre 1765, C.·.

Louis Gallon, propriétaire, né à Nantes, département de la Loire-Inférieure, le 5 Juin 1749, A.·.

Pierre-Alexandre Burgevin, capitaine-adjudant-major, à la légion du Cap, né à Nantes, département de la Loire-Inférieure, le 14 Juillet 1766, A.·.

MEMBRES NON-RESIDANS, OU ABSENTS DE CET O.·.

Jean-Sebastien Couppé, propriétaire, né à Paris, département de la Seine, le
Fondateur, P.·. D.·. R.·. S.·.

Jean-Marie Savary, propriétaire, négociant, né à Pont-Château, département de la Loire-Inférieure, le 31 Mai 1749, S.·. P.·. D.·. R.·. S.·.

Gabriel Jastram, propriétaire, négociant, né à St. Pierre, Martinique, le 24 Mai 1762, Fondateur, R.·. +.·.

Pierre Germain, négociant, né à Marſeille, le
R.·. +.·.

Louis-Joseph Cornotte, propriétaire, né à Genève, le 19 Mars 1759, R.·. +.·.

Simon Desainte, propriétaire, négociant, né à Bordeaux, département de la Gironde, le 16 Mai 1756, R.·. +.·.

Pierre-Adrien Dupeyrat, négociant, né à Bordeaux, le 2 Janvier 1744, R.·. +.·.

Jean-Philipe Baroux, capitaine d'infanterie,

né à Argenteuil, département de Seine & Oise, le 5 Février 1749, Ch.·. d'O.·.

François-Marie-Sebastien Pageot, propriétaire, général de brigade, né au Cap-Français, le 19 Juillet 1765, G.·. E.·. (a)

Pierre-François Regnier, propriétaire, ~~chef de brigade~~, né à Paris, département de la Seine, le 22 Mars 1774, M.·. P.·.

——— Chenais, propriétaire, né à Nantes, département de la Loire-Inférieure, le

Fondateur, M.·.

Raimond Aquart, propriétaire, né à Bordeaux, le Fondateur, M.·.

Jean-Baptiste Le Maire, Prêtre Curé, né à Lerdin, département du Nord le

Fondateur, M.·.

Alexandre Martel, négociant, né à Agde, département de le M.·.

Louis-Joseph Lartigue, aîne, propriétaire, capitaine de navire, né à Bordeaux, le 12 Juin 1760, M.·.

Pierre-Auguste Guestier, propriétaire, négociant, né à Bordeaux le 1er. Novembre 1762, M.·.

Jean Serviere capitaine de navire, né à Bordeaux, le 27 Août 1761, M.·.

Louis-Toussaint Paris, propriétaire, officier de Santé, né à Lyon, départment du Rhône, le 13 Décembre, 1759 M.·.

Jean-Baptiste Girardet, officier de Santé, né à Lamen, département de le 1754, M.·.

Jean-Marie Chotard-Laplace, propriétaire, né à Léogane, le M.·.

(a) Louis Dieudonné, chef de Brigade, né au port-au-prince. G.·. E.·.

VITAL AOUART, propriétaire, négociant, né à Bordeaux, le 6 Octobre 1771, M.·.

JOSEPH VALDONY, chef de brigade, né à Poschiaro, le M.·.

JEAN-MARIE COCHERET, lieutenant de vaisseau, né à Saint-Servan, département de la Seine, le M.·.

ETIENNE-GUILLAUME-ANDRE PETIT, enseigne de vaisseau, né à Brest, le M.·.

FRANÇOIS-JOSEPH BAILLY, Pharmacien, né à Béſançon, département du Doubs, le 24 Juin 1779, M.·.

JEAN-BAPTISTE RUBY, capitaine d'infanterie, né à St. Ouens, departement du Cher, le 7 Février 1774, M.·.

PIERRE MOULIA, propriétaire, capitaine de navire, né à Bayonne, département des Basses-Pyrennées, le M.·.

FRANÇOIS-MICHEL ANDRAL, propriétaire, né à Jacmel, le 25 Juillet 1777, M.·.

AUGUSTIN CHABOISSEAU, officier de Santé, né à Nord, département de la Loire-Inférieure, le 1er. Juillet 1768, M.·.

HUET TORINY, propriétaire, né au Petit-Goave, le M.·.

GENEVOIX, officier d'administration né à de Périgeux, le C.·.

PIERRE-CHARLES COIRON, enseigne de vaisseau, né à Nantes, le C.·.

HONORE BORDAGE, enseigne de vaisseau, né à Dinan, département de le C.·.

MICHEL-DENIS BEGON, enseigne de vaisseau, né à Issoire, département du Puy-de-Dôme, le 1776, A.·.

Alexandre Chatni, capitaine de navire, né à Quillebeuf, département de l'Eure le Mai 1774, A.·.

MEMBRES HONORAIRES, AFFILIES, LIBRES.

Alexandre-Claude-Martin, le Baillif, Bourgeois, membre de la Loge des FF.·. de la V.·. L.·. à l'O de St. Fargeau, et de celle du Centre des Amis, O.·. de Paris, Député du G.·. O.·. de France, R.·. +.·.

Jean-Baptiste Genion, capitaine de frégate, membre de la L.·. la Parfaite O.·. de Nantes, R.·. +.·.

Julien Bonnescuelle, officier d'Infanterie, membre de la L.·. la Réunion désirée, O.·. du Port-au-Prince, M.·.

TABLEAU

Des LL.·. Filles Constituees provisoirement par la Mere L.·. Ecossaise de l'Isle St. Domingue, á l'O.·. de Jacmel.

Santo-Domingo. St. Jean d'Ecosse de la Parfaite Harmonie.

Loges affiliees a la Mere L.·. Ecossaise de l'Isle St. Domingue, sous le titre de St. Jean D'Ecosse du Choix des Hommes.

La T.·. Ill.·. et T.·. R.·. Mère L.·. Ecossaise de France, à L'O.·. de Marseille.

La T.·. R.·. L.·. N°. 47, sous le titre distinctif de

la Réunion des Cœurs, Franco-Américains, à l'O.·. du Port-au-Prince.

Loges des OO.·. Etrangers, en correspondance avec la Mere L.·. Ecossaise de St. Domingue.

Port-au-Prince, L.·. Ecse. No. 47.
Idem Idem La Réunion Désirée.
Jérémie, La Réunion des Cœurs.
St. Marc, L.·. Ecse..·. La Concorde, No. 88.
Cap, L.·. Ecse..·. Les FF.·. Réunis, No. 87.
Cayes, L.·. Ecse..·. Les FF.·. Réunis, No. 89.
Sto. Domingo, L.·. Ecse..·. La Parfaite Harmonie.

Deputes aupres des dites LL.·.

Bounin aîné, négociant, près la T.·. R.·. Mère L.·. Ecossaise de France à l'O.·. de Marseille.

Germain Hacquet, notaire public, près celle No. 47, à l'O.·. du Port-au-Prince.

FF.·. Servans.

Arnaud Chérubin, né à Soguo, en Affrique, A.·.

Adresse de la R.·. L.·.
SAINT-PAUL, à Sto. Domingo.

TRAVAUX D'OBLIGATION.

Les assemblées sont les premier, second, troisième & quatrième Dimanche de chaque mois à 6 heures du soir.

www.ingramcontent.com/pod-product-compliance
Lightning Source LLC
LaVergne TN
LVHW020010170826
845677LV00022B/1246

* 9 7 8 2 3 2 9 6 2 0 9 9 2 *